I0006398

ISBN 978-1-4092-0366-7

Informationssicherheit
und
die Politik

ISBN 978-1-4092-0366-7
Postfach 15 25 – 38605 Goslar

Inhaltsverzeichnis

ÜBER AUTOR

Burak A. Gücer hat Elektrotechnik studiert. Während seiner Universitätszeiten wurde er in IT Geschäft mit einbezogen.

Durch seine Studie und sein eigenes Geschäft hat er sein Wissen verbessert. Während seiner Karriere seit 1984 wird er auf Informationssicherheit spezialisiert und wurde infolgedessen CISSP und CISA.

EINLEITUNG

+ *Die Systeme haben die Integrität, die Vertraulichkeit und die Verfügbarkeit der Daten sicher zu stellen.*

+ *In der Industrie sind Verfügbarkeit der produktiven Systeme und Vertraulichkeit in der Forschung und Entwicklung unerlässlich.*

+ *Ausfälle von Maschinen haben enorme wirtschaftliche Folgen.*

+ *Werkspionage und der Schutz vor Diebstahl muss unterbunden werden.*

E iner der konkreten Tendenzen im späteren 20. Jahrhundert und des Anfanges vom einundzwanzigsten Jahrhundert ist die schnelle Entwicklung und die Verbreitung der Technologie. Die Rechner wurden ein wesentliches Wesen für uns. In der Wahrheit liegt die Power in das Interkonnektivität der Systeme.

Um ein System missbrauchen zu können, war damals der einzige Weg die Schaffung des physikalischen Zugriffs, was eigentlich sehr schwierig war. Aufgrund dieser Tatsache war die IT-Sicherheit kein großer Streitpunkt.

Nach der Erfindung von Modems hat der Bedarf an Fernverbindungen drastisch erhöht. Diese Forderung hat als Konsequenz das Lokal-Area-Netzwerk und das Wide-Area-Netzwerk entwickelt. Durch die sehr schnelle Verbreitung des neuen Hilfsmittels ist das Internet zur Stande gekommen.

Diese Situation hat sowohl Vorteile aber als auch Nachteile mitgebracht. Einerseits unterstützt Internet die Unternehmen bei der Geschäftsentwicklung, andererseits bietet es für unehrliche Leute neue Gelegenheiten an.

Wenn Sie einige Pressemeldungen schon gelesen haben, würden Sie mir recht geben, dass Sicherheitsmängel in der Vergangenheit zu erheblich großen Einbrüchen mit hohen finanziellen Verlusten geführt haben.

Aufgrund der sehr schnellen Verbreitung wächst die Komplexität der Systeme parallel und somit wird die Verteidigung der Verbunde schwieriger und aufwendiger. Hundertprozentige Sicherheit ist nie zu erreichen, weder im täglichen Leben noch bei der Informationssicherheit. Dies hat dazu geführt, dass man den Begriff Informationssicherheitsmanagement definiert hat, um die Sicherheit strukturiert und angemessen behandeln zu können.

Die Gestaltung eines Informationssicherheitsmanagements muss sich einerseits an der engen Integration der Informations- und Kommunikationstechnologien in die Geschäftsprozesse und andererseits an dem Risikomanagement des Unternehmens orientieren. Durch diese Integration kann eine angemessene Sicherheit gewährleistet werden.

Das Sicherheitsmanagement muss die Entwicklung der „Information Security Policy" und der damit verbundenen Standards, ihre ständige Fortschreibung, Veröffentlichung und Durchsetzung sicherstellen.

Der Zweck dieses Buches ist die Darstellung der Schlüsselbegriffe einer sogenannten „Information Security Policy", die die Basis eines Sicherheitsmanagementsystems bildet.

DER ANLASS

"Sicherheit bezeichnet einen Zustand, der frei von unvertretbaren Risiken der Beeinträchtigung ist oder als gefahrenfrei angesehen wird."[1]

Die weit fortgeschrittene Integration von Informations- und Kommunikationstechnologien in die Geschäftsprozesse der Firmen führt zu einer zunehmenden Abhängigkeit von Informationen und der Technologien zu ihrer Verarbeitung und Bereitstellung.

Wie ich bereits erwähnt habe, wurde der Computer im Laufe der Zeit ein unerlässlicher Bestandteil unseres Lebens. In der Vergangenheit hatten die Schriftsteller eine Schreibmaschine und konnten ohne diese Maschine Ihre Texte nicht schreiben, obwohl Sie ein Kugelschreiber oder Bleistift verwenden konnten. Heutzutage hat fast jede Familie zumindest einen Computer zu Hause. Mitte des Zwanzigsten Jahrhunderts war ein Büro ohne Rechner undenkbar; und jetzt; ein Arbeitsplatz ohne einen Computer ist undenkbar. Die neuen Generationen begreifen es nicht, wie man in der Vergangenheit ohne Computer die Geschäfte durchgeführt hat.

Haben Sie schon mal überlegt, wofür all diese Datei ist, die wir bedenklos auf unseren Computern verarbeiten und speichern.

---

[1] Quelle: Wikipedia

Ich vermute, dass keiner darüber Gedanken macht. Eigentlich hat diese Frage eine sehr einfache Antwort:

„zur Verarbeitung und Erzeugung der Information für unser Geschäft!"

Die Zeiten mit zugesperrten Schränken und Kundenkarteien in den Schließfächern sind schon längst vorbei. Damals hatten wir eine gewisse Sicherheit unserer Informationen, indem sie durch einen Schlüssel nur für Befugte zugänglich waren, und somit waren unsere Geschäftsinformationen geschützt. Jetzt sind all diese Geschäftsinformationen elektronisch verarbeitet und demzufolge in elektronischer Form gespeichert.

Als Folge werden wir versuchen, unser Geschäft zu schützen, die uns zum Schutz der Geschäftsinformation und der maschinellen Ausstattung, die zur Verarbeitung dieser Informationen und Daten dienen, führt.

Die Kriterien der Sicherheit

Als grundsätzliches Ziel der Informationssicherheit gilt es, ein Geschäft vor unannehmbaren Schäden zu bewahren und die Schlüsseleigenschaften von Informationen zu schützen. Bei diesem Schutz denkt man erst an die Sicherung der Vertraulichkeit von Information, die den Zugang nur für Autorisierte gewährleistet. Dieses Kriterium ist aber nicht das Einzige, was man berücksichtigen muss.

Vertraulichkeit

Aufgrund der Natur des Geschäfts haben wir selbstverständlich Informationen, die nicht bekannt gegeben werden dürfen. Sie würden niemals Ihre Stammkundendaten veröffentlichen. Oder würden Sie das Entwicklungsverfahren eines neuen Produkts, das bei der Organisationseinheit „Forschung und Entwicklung" durchleuchtet wurde, in der Tageszeitung publizieren? Ich glaube eher nicht. Dieser Art der Informationen sind die Informationen, die gegen Öffentlichkeit geschützt werden müssen, damit das Geschäft nachhaltig weiter entwickeln kann.

Unter dem Begriff Vertraulichkeit verstehen wir, dass eine Information nur für Autorisierte zugänglich ist. Das bedeutet, dass eine der wichtigsten Begriffe die *Vertraulichkeit* der Information sei. Dieses Kriterium ist einer der wichtigsten Sachziele der Informationssicherheit. Kernpunkt ist, dass die Information nur für Befugte zugänglich ist.

Außerdem ist es am schwersten zu erfüllen, denn der Information ist ein Verlust der Vertraulichkeit nicht anzusehen. Denn wir haben leider keine Messgrößen.

Integrität

In wie weit würden Sie sich darauf verlassen, wenn Sie eine Information aus einer nicht vertrauenswürdigen Quelle erhalten hätten.

Als ein weiterer wichtiger Punkt kommt die Korrektheit bzw. Zuverlässigkeit der Informationen, also die Integrität, hinzu.

Wenn Ihr IT-Verbund nicht angemessen geschützt ist, könnte es möglicherweise passieren, dass jemand die Verkaufspreise im System ändert. Es ist in dem Fall uns egal, ob die Preise vorsätzlich oder vorsatzlos geändert sind. Hauptsache ist, dass sie nicht stimmen.

Oder, ein Virus könnte bei den Gehaltsabrechnungen die bestehenden Datensätze manipulieren und als Konsequenz würden Sie entweder falsche Beträge überweisen oder noch schlimmer, an falsche Konten falsche Gehälter überweisen.

Eine Veränderung dieser Informationen könnte mutwillig, irrtümlich oder durch einen technischen Fehler auftreten, wobei alle von mir erwähnten Beispiele sicherheitstechnisch gleich zu behandeln sind.

Diese Beispiele weisen einfach darauf hin, dass die Zuverlässigkeit der Datenbestände nicht vernachlässigbar ist. Wir müssen es sicherstellen, dass die Information, die wir verarbeiten, nicht manipuliert werden kann.

Die Integrität bedeutet, dass Informationen über eine bestimmte Dauer vollständig und unverändert sind.

Verfügbarkeit

Mit der Annahme, dass die Integrität und die Vertraulichkeit gewährleistet sind, ist unser Geschäft dennoch lauffähig, wenn die Informationen nicht erreichbar sind? Nehmen wir ein konkretes Beispiel; können Sie eine Rechnung erstellen, wenn Ihnen die Information der Rechnungspositionen nicht zur Verfügung steht? Die Antwort ist meines Erachtens eindeutig: nein.

In Kürze, sobald die Vertraulichkeit sowie die Integrität der Informationen gesichert sind, müssen sie aber auch erreichbar sein, und zwar immer wenn sie benötigt sind.

Dieses Kriterium nennen wir in der Fachliteratur „die *Verfügbarkeit* der Information".

Fazit

Diese drei Sicherheitskriterien lassen sich direkt den Informationen zuordnen. Man kann eine Verletzung dieser Sicherheitskriterien unabhängig von der Art und Weise der Speicherung oder der Verarbeitung anhand von Merkmalen definieren.

In diesem Umfeld ist die Gewährleistung der drei Grundziele zur Informationssicherheit Verfügbarkeit, Vertraulichkeit und Integrität bei der Verarbeitung bzw. Bereitstellung von Informationen durch den Einsatz von IT-Systemen eine wesentliche Voraussetzung für einen effizienten, ordnungsmäßigen und unangreifbaren Geschäftsbetrieb.

Darüber hinaus müssen u. a. bei der zunehmenden Nutzung von elektronischen Marktplätzen im Internet Authentizität, Unleugbarkeit und Überprüfbarkeit von Benutzern und Transaktionen gewährleistet werden.

Der Begriff „Authentizität" ist ein uraltes Wort und bedeutet „Echtheit" und als Prädikat hängen wir es Menschen an, bei denen wir den Eindruck haben, sie seien wirklich ‚sie selbst'. In der IT-Sicherheitsfachliteratur bedeutet dieser Begriff, dass die Identität des anmeldenden Benutzers bzw. Dienstes eindeutig und zweifellos überprüft und festgestellt ist.

Authentifizierung ist eine Voraussetzung für Unleugbarkeit. Unter Unleugbarkeit verstehen wir in diesem Kontext die Unleugbarkeit des Ursprungs, also der eindeutigen Zuweisbarkeit einer Verantwortung. Mittels Unleugbarkeit kann das Sicherheitssystem einen Benutzer eindeutig für eine bestimmte Transaktion verantwortlich machen. Damit werden auch elektronische Vereinbarungen möglich, da eindeutig die Partizipation der einzelnen Teilnehmer bewiesen werden kann. Unleugbarkeit stellt sicher, dass eine Aktion ausgeführt wurde, um den Client davor zu schützen, dass eine Transaktion fälschlicherweise nicht eingehalten wird.

Wegen der Einzigartigkeit der unterschiedlichen Geschäfte, Firmen und Organisationen unterscheidet sich die Politik der Informationssicherheit vom Unternehmen zu Unternehmen. Die Politik ist abhängig von unterschiedlichen Faktoren wie z.B. die Größe der Firma, die Sensibilität der Geschäftsinformation, die Anzahl und Typ der Informationen und sowie der bestehenden Infrastruktur.

Für ein Großunternehmen, die Entwicklung einer einheitlichen Politik, die alle Benutzertypen adressiert, und alle relevanten Themen berücksichtigt, ist selbstverständlich nahe zu unmöglich. Deswegen ist ein erfolgreiches Konzept der Aufbau einer Reihe von Dokumenten, die jeweils bestimmte Gruppe erzielen. Somit können wir alle sicherheitsrelevanten Themen, orientiert an Zielgruppen, abdecken.

Beim Start ist es eine gute Idee, ein abgestuftes Konzept anzuwenden, beginnend mit einem grundlegenden Rahmenwerk, und danach die Entwicklung der wichtigsten Maßnahmen, die dringend nötig sind. Später können wir durch Nachprüfung der vorhandenen Politik weitere Politik bzw. Richtlinien erstellen. Somit wird die Anzahl der Dokumente steigen. Bei den Nachprüfungen werden wir bei manchen Richtlinien es feststellen, dass die Erstellung eines ergänzenden Dokuments nämlich eines Standards notwendig ist. Diese Standards werden unsere Politik bei der Umsetzung unterstützen.

Hundertprozentige Sicherheit ist nie zu erreichen, weder im täglichen Leben noch bei der IT-Sicherheit. Die im jeweiligen Fall als ausreichend angesehene Sicherheit ergibt sich aus dem Wert der zu schützenden Güter, den Gefährdungen, denen diese Güter ausgesetzt sind, sowie einer durch andere Faktoren bestimmten Risikobereitschaft des Unternehmens. Aber vergessen Sie es niemals, dass die Politik, die Standards, die Tools und die Methodiken nichts von Bedeutung haben, wenn die Informationssicherheit nicht durchgesetzt ist.

SICHERHEITSPYRAMIDE

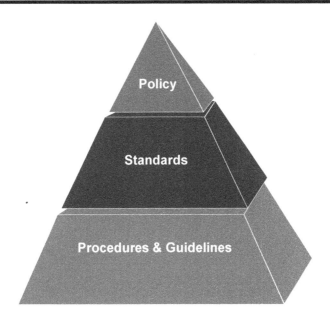

D as übergeordnete Ziel der Informationssicherheit ist einen fortdauernden und störungsfreien Betrieb der EDV-Infrastruktur sowie die Sicherheit der verarbeiteten Informationen sicherzustellen. Aus diesem Ziel können wir strategische Ziele, nämlich die Sicherheitspolitik und operative Ziele, nämlich das Umsetzungskonzept herbeiführen.

Ein System ist nur so stark wie sein schwächstes Glied. IT-Sicherheits-politik kann daher nur zum Erfolg kommen, wenn sie die gesamte Prozesskette eines IT-Systems umfasst. Teure Sicherheits-Komponenten mögen zwar das Gewissen beruhigen. Fehlt einer Server-Farm aber ein umfassendes Sicherheitskonzept, bleiben sie wirkungslos.

Die Sicherheitspyramide ist ein systematisches, ganzheitliches und praxisorientiertes Vorgehensmodell für den Aufbau und kontinuierliche Fortentwicklung des Sicherheitsmanagements von einer Gesellschaft.

Was ist die Politik (Policy)?

Die Sicherheitspolitik ist in verschiedenen Normen und Standards unterschiedlich beschrieben. Nach IT-Grundschutzhandbuch dokumentiert die Sicherheitspolitik, welche strategische Position die Unternehmenspolitik zur Erstellung und Umsetzung des Informationssicherheitskonzepts und zur Erreichung der Informationssicherheitsziele einnimmt. ISO/IEC 27001:2005 beschreibt die Anforderungen an die wirksame Umsetzung und Dokumentation eines Managementsystems der Informationssicherheit. Zunächst werden die Sicherheitspolitik, die Sicherheitsziele, -prozesse und -verfahren festgelegt und konkret geplant, die für das Sicherheitsmanagement relevant sind. Dies erfolgt Top-Down unter Einbeziehung des Managements und der IT-Verantwortlichen.

Denken Sie bitte daran, wie die Beziehung zwischen Gesetz und Polizei ist. Die Informationssicherheit kann nicht aufgebaut werden, ohne eine Politik (Gesetze) und ohne ein Team (Polizei).

Das Ziel der Sicherheitspolitik ist es, eine effektive Umsetzung der Sicherheitsmaßnahmen und die Kontrolle der Umsetzung zu ermöglichen.

Eine Politik ist der erforderliche Anteil des erfolgreichen Managements von Informationssicherheit. Grundsätzlich ist sie eine Beschreibung von bedeutungsvollen Elementen der Informationssicherheit inklusive Basisvorgaben und Anforderungen an Infrastruktur zur Gewährleistung der Sicherheit. Die Politik legt fest, was geschützt werden soll und versichert, dass eine angemessene Kontrolle durchgeführt wird.

Die Unterstützung vom Management ist unentbehrlich. Ohne Engagement des Managements wird im Unternehmen die Politik nicht ernst genommen. Sollten Sie die Unterstützung der Geschäftsleitung nicht haben, dann hören Sie auf mit der Entwicklung der Dokumente und versuchen Sie, die Unterstützung des Managements zu schaffen.

In den meisten Fällen sagt das Management, dass jeder für seine oder ihre eigene Informationssicherheit verantwortlich sei. Aber dieser Ansatz kann nicht nachhaltig und langfristig funktionieren.

Stellen Sie sich vor, dass die Produktion einen Standard und die Marketing-Abteilung einen anderen Standard verwendet.

Wie können Sie die Interoperabilität sicherstellen?

Dies kann zu einem ernsten Problem führen, vor allem in größeren Organisationen. Sie können durch eine Politik es sicherstellen, dass Ihr Unternehmen in jeder Instanz den gleichen Standard verwendet. Dieser Ansatz macht es einfacher, die Sicherheit des gesamten IT Verbunds aufrecht zuhalten.

Die Politik für einen bestimmten Teil der Organisation sollte auch die gleichen Teile oder Elemente wie Überblick, Umfang, Aussagen, Durchsetzung und Definitionen beinhalten.

Nur auf dieser Weise wird die Politik bei der Vorbeugung der Haftung helfen. Wenn Sie aufgrund eines Verstoßes gegen Sicherheitspolitik, die nirgendwo geschrieben, den Mitarbeitern nicht präsentiert und nicht durchgesetzt ist, den Arbeitsvertrag des Mitarbeiters kündigen, kann dieser Mitarbeiter gesetzliche Schritte gegen Ihre Firma unternehmen.

Die Politik gibt immer erforderliche Aktionen an, und schließt
Verweise zu Standards ein.

Was ist der Standard?

Die Standards werden geschrieben, um die Anforderungen für verschiedene Technologiekonfigurationen (z.B. drahtlose Umstände, härten des Betriebssystems oder eines Routers) zu beschreiben.

Ein Standard ist vorgesehen dafür, eine obligatorische Vorgehensweise auszudrücken. Somit kann die Konformität mit der Sicherheitsrichtlinie unterstützt werden.

Nehmen wir mal ein Beispiel. Die meisten Unternehmen haben eine Politik für den Einsatz der drahtlosen Kommunikation. Diese Politik soll einen entsprechenden Standard haben, der die geforderten Protokolle sowie Verschlüsselungsanforderungen und bestimmte Einstellungen für die Produktion betrachtet.

Im Endeffekt, ein Standard soll eine Politik sinnvoller und wirksamer machen und muss akzeptierte Spezifikationen für Hardware und Software sowie Verhalten einschließen.

Was ist die Prozedur (Procedures)?

Per Definition ist eine Prozedur eine Folge von Schritten zur Erreichung eines Endziels. Die Prozeduren definieren, "wie" die Ressourcen zu schützen sind, und bilden die Mechanismen zur Durchsetzung der Politik. Die Prozeduren sind gleich wichtig wie die Politik. Meist die Politik definiert, was zu schützen ist und was die grundlegenden Regeln sind. Die Prozeduren stellen Wichtigste heraus, wie die Ressource zu schützen ist, oder wie die Politik umzusetzen ist. Zum Beispiel eine Passwort-Politik würde die Passwortregeln (wie oft muss ein Passwort erneut werden, wie kann man sein Passwort schützen, Passwortlänge, etc.) beschreiben.

Das Passwort Management Prozedur soll den Prozess zur Erstellung und Verteilung neuer Passwörter definieren. Darüber hinaus soll dieser Prozess es sicherstellen, dass die Passwörter der kritischen Systeme regelmäßig geändert werden. Es gibt nicht immer eine eins-zu-eins Beziehung zwischen Politik und Prozedur.

Was ist die Leitlinie (Guidelines)?

Die Leitlinien sind allgemeine Aussagen, Empfehlungen oder die administrativen Anweisungen, die entworfen sind, um die Zielsetzung der Politik zu erzielen. Sie sind nicht ein erforderliches Element eines Rahmenwerks; jedoch können sie eine wichtige Rolle in der Kommunikation der Bestpracticeinformationen mit Benutzerkreis spielen. Eine Leitinie kann häufiger überarbeitet werden und soll häufiger besprochen werden wie Standards und Politik. Zum Beispiel, eine Organisation kann eine Leitlinie zur Sicherung der Heimnetzwerke publizieren, obwohl diese Netzwerke durch die Firma nicht gestützt ggf. nicht unterstützt sind.

Das Sicherheitsregelwerk zur Informationsverarbeitung, der aus Politik, Standards, Prozeduren und Leitlinien besteht, legt Grundsätze und Regelungen für deren Sicherheit im Unternehmen fest. Dieses Regelwerk bildet den Rahmen für Pflichten und Rechte aller beteiligten Partner, die im Rahmen ihrer Tätigkeiten mit Informationen und/oder Informationseinrichtungen des Unternehmens umgehen müssen.

DIE ENTWICKLUNG

IT- Sicherheit zeigt sowohl strategische, taktische wie auch operationelle Charakterzüge.

I m Kern jeder Implementierung von Informationssicherheit muss eine fundierte und realistische Informationssicherheitspolitik stehen. Nur dadurch kann die Unternehmensleitung umfassende Leitlinien erstellen, wie die Informationssicherheit in der Unternehmenskultur und im Unternehmenskonzept integriert sein soll.

Eine solche Sicherheitspolitik gibt den einzelnen Abteilungen und allen Mitarbeitern die die Vorgaben, die sie bei der täglichen Arbeit benötigen. Sie legt auch die Grundlagen für die organisatorische Umsetzung der notwendigen Prozeduren und Richtlinien dar und erlaubt damit eine umfassende Implementierung aller Sicherheitsaspekte.

Wie soll die Politik entwickelt werden?

Bevor die Politikdokumente geschrieben werden können, muss die Zielsetzung der Politik festgelegt sein.

- Ist das Ziel der Schutz der Firma und seiner Interaktionen mit den Kunden?

- Oder werden Sie den Datenfluss zwischen den Systemen schützen?

Auf jeden Fall ist der erste Schritt, es festzustellen, was geschützt wird und warum es geschützt wird.

Politik kann geschrieben werden, um Hardware, Software, Zugang, Leute, Anschlüsse, Netzwerk, Telekommunikation und Durchsetzung zu beeinflussen.

Bevor Sie mit dem Schreiben der Prozesse anfangen, stellen Sie fest, welche Systeme und Prozesse zu Ihrem Geschäftsziel wichtig sind.

Dieses hilft Ihnen bei der Feststellung, was und wie viele Politik notwendig sind, um Ihre Mission durchzuführen.

Schließlich ist das Ziel hier, es sicherzustellen, dass Sie alle möglichen Bereiche betrachten, für die eine Politik angefordert wird. Die Informationssicherheitspolitik muss kein einzelnes Dokument sein. Um es einfacher zu machen, kann die Politik aus mehreren Dokumenten entstehen. Ähnlich wie die Organisation dieses Buches, anstatt der Ströme von Aussagen, habe ich das Buch in Kapiteln mit den relevanten Themen geteilt.

So anstatt eines einzigen Politikdokuments schreiben zu versuchen, erstellen Sie einzelne Dokumente und nennen Sie diese

Teile die Kapitel Ihrer Informationssicherheitspolitik. Indem Sie so tun, sind diese Dokumente einfacher zu verstehen, einfacher zu publizieren (bzw. verteilen), und einfacher um individuelle Trainings zur Verfügung zu stellen, weil jede Politik ihren eigenen Abschnitt hat. Kleinere Abschnitte sind auch einfacher zu ändern und zu aktualisieren.

Wie viele Politik-Dokumente sollten Sie schreiben? Ich mag nicht eine Frage mit einer Rückfrage zu beantworten, aber wie viele Bereiche können Sie in Ihrem Umfang und Zielsetzung identifizieren?

Für jedes System innerhalb Ihres Geschäftsumfanges und jedes Teilsystem innerhalb Ihrer Ziele sollten Sie ein Politik-dokument erstellen. Es ist in Ordnung, wenn Sie eine Politik für Internet und unabhängig davon eine Politik für Emailnutzung haben. Es ist kein Problem, eine Politik für Virusschutz und eine getrennte Politik für Internetverwendung zu haben. Ein üblicher Fehler ist die Bemühung eine Politik als ein einzelnes Dokument zu erstellen. Leider ist das Ergebnis ein langes, unhandliches Dokument, das vielleicht nie gelesen wird, geschweige denn Gewinn jedermanns Unterstützung.

Grundprinzipien

Sowenig Rechte wie nötig (Least-Privilege-Prinzip)

Das aus dem Militärbereich stammende Prinzip besagt, dass jeder nicht mehr Informationen und Rechte bekommt, als er unbedingt zur Bearbeitung seiner Aufgaben benötigt. Dabei bekommt ein Benutzer die minimalen Rechte, die nötig sind, damit er seine Arbeit verrichten kann. D.h., er bekommt nur Rechte auf Tasks, die er zu irgendeinem Zeitpunkt während seiner Arbeit ausführen muss.

Vier Augen Prinzip (Separation of Duties)

"Separation of duty" verlangt zwei oder mehr verschiedene Personen, die für den Abschluss eines Geschäftsprozesses verantwortlich sind. Dadurch soll ein Betrug erschwert werden, dafür einen Betrug in diesem Fall eine Verschwörung nötig wäre, bei der die Betrüger ein erhöhtes Risiko eingehen würden. z. B. „Ein Scheck benötigt zwei verschiedene Unterschriften".

Aufgaben und Informationen werden in Teile zerlegt, die verschiedenen Personen zugeteilt werden. Sicherheit wird dadurch erreicht, dass die Personen sich gegenseitig kontrollieren.

Verantwortlichkeit (Accountability)

Dieses Prinzip ist eigentlich ein kritischer Erfolgsfaktor für Ihr Sicherheitskonzept. Verantwortlichkeiten müssen eindeutig zugeordnet sein. Dieses Prinzip wird u.a. durch Authentifikation- und Auditmechanismen unterstützt.

Durchführung einer Risiko Analyse oder eines Audits

Der einzige Weg Ihre Infrastruktur zu verstehen ist, eine volle Risikoeinschätzung aufzuführen, Risikoanalyse, oder Überprüfung (Audit) des ganzen Unternehmens. Dadurch können die Autoren der Politik ein Verständnis über die Reichweite der Informationstechnologie innerhalb der Organisation erhalten. Obwohl es die Arbeit dazu bringt, merkwürdig zu scheinen, erlaubt es den Autoren, jeden Aspekt von der Architektur durchzudenken. Als Teil einer Risikoeinschätzung kann die Organisation auch ein Penetrationstest machen lassen. Diese Erprobung soll sowohl auf jeden bekannten Zugangspunk im internen Netzwerk als auch auf externen Netzwerkzugang aufgeführt werden, um irgendwelche unbekannte Zugangspunkte zu entdecken. Diese breite Einschätzung stellt Einblicke bereit, die zum Verstehen der Konfiguration dienen. Diese Informationen sollten bei der Bestimmung der Politik, was die Konfiguration, den Zugang anbelangt. Übrigens wird diese Information bestätigen, wie das Netzwerk die Mission der Organisation unterstützt.

Übrigens die Maßnahmen, die das Unternehmen zur Reduzierung der Risiken auf ein tragbares Maß trifft, müssen in Form einer Risikobetrachtung festgelegt werden. Dabei müssen die zu treffenden Maßnahmen zur Informationssicherheit direkt aus den Geschäftsprozessen und den damit verbundenen Anforderungen an die IT-Sicherheit abgeleitet werden.

Einige Administratoren sind der Meinung, dass sie das System erforschen, die Risiken identifizieren, und die Assets inventarisieren können. Obwohl sie möglicherweise ein angemessenes Angebot machen, ist es immer besser, eine externe Firma zu beauftragen, um diese Tätigkeit zu erfüllen. Der vor-

herrschende Grund dafür ist, dass die Externen Ihrer System-
landschaft nicht kennen und keine Insider-Informationen
haben. Diese Tatsache ermöglicht eine relativ objektive Be-
urteilung. Die Externen kommen zu Ihrem Unternehmen und
überprüfen Ihre Systeme aus Sicht eines Hackers. Hier ist ein
potenzieller Spielplatz, lassen Sie uns sehen, wo wir spielen
können!

Dies erlaubt es ihnen, Schwachstellen, Schwächen, und andere
Probleme zu entdecken, die Sie beim Schreiben der Politik
brauchen.

Nachprüfung, Zustimmung, und Durchsetzung

Wie bei jedem Dokument ist es üblich, dass sie ein Überprüfungsprozess haben. Die Politik der Informationssicherheit
besteht aus unterschiedlichen Dokumenten. Der Überprüfungsprozess soll nicht nur die technischen Aspekte der
Sicherheit, sondern auch die rechtlichen Aspekte berücksichtigen, weil sie für die Organisation auch relevant sind.
Bevor Sie eine Politik freigeben, es soll ein klares Verständnis
für den Überprüfungsprozess beherrschen.

Die Maßnahmen, die das Unternehmen zur Reduzierung der
Risiken auf ein tragbares Maß trifft, müssen regelmäßig überprüft und angepasst werden.

Natürlich werden die Autoren die erste Überprüfung durch-
führen und dann soll verschiedene Stufen der Unternehmens-
prüfung durchgeführt werden. Wenn Ihr Unternehmen ein
Chief Information Officer (CIO) hat, soll diese Person an dem
Revisionsausschuss beteiligt sein. Die Abteilungsleiter oder Be-
reichsleiter, die durch eine Politik betroffen sind, sollen in der
Lage sein, die Politik zu überprüfen und Kommentare zu lie-
fern. Schließlich, so viel, wie jeder hasst ihre Beteiligung, die
Firmenanwälte auch einbezogen werden. Denn die Anwälte
verstehen, die Auswirkungen der Politik in Bereichen wie
Durchsetzung und was getan werden kann, um die Politik
durchzusetzen. Die Freigabe ist eine einfache Angelegenheit
des Managements, die Zustimmung zu der endgültigen Fassung
des Dokuments.

Managementzustimmung soll erst nach der Überprüfung
kommen. Allerdings, wenn das Management diese Dokumente
nicht beglückt, wird ihre Wirksamkeit begrenzt. Schließlich,
nachdem die Politik geschrieben, freigegeben, und umgesetzt

ist, muss die Politik durchgesetzt werden. Die Politiken, die nicht durchgesetzt sind, leben nicht. Es gilt das Gleiche wie ein Gesetz, der in der Gesellschaft nicht durchgesetzt ist. Warum gehen Sie durch den Prozess der Schaffung von Sicherheits-Politiken, wenn die Bestimmungen ignoriert werden? Die Politik muss Bestimmungen für die Durchsetzung haben, und diese Maßnahmen müssen umgesetzt sein.

BESTIMMEN
DER BEDÜRFNISSE

"ISO 27001:2005 4.2.2h:

Implementieren Sie Prozesse und andere Kontrollmechanismen, die in der Lage sind, eine schnelle Erkennung und Reaktion auf Sicherheitsvorfälle ermöglichen"

J etzt wissen wir, was die Informationssicherheitspolitik ist, und haben die Unterstützung des Managements. Der nächste Schritt ist, zu verstehen, was genau geschützt werden muss. Dieses Verständnis geht über die Hard- und Software, die ein System bilden. Es ist sehr wichtig die Geschäftsprozesse, die unsere Technologie unterstützt, zu verstehen. Es besteht die Gefahr, dass Ihre Politik auf dem Regal steht und Staub sammelt, wenn sie das Geschäft verhindert.

Was muss geschützt werden?

In den ersten Seiten dieses Buches, ich habe wiederholt, dass die Sicherheitspolitik die Geschäftsziele und –Prozesse des Unternehmens schützen muss. Ich habe es getan, weil es ein häufiger Fehler ist, mit den Computern und Software aus technischen Gesichtspunkten zu beschäftigen, ohne darüber Gedanken zu machen, warum sie gekauft sind.

Wenn Sie daran denken, dass Computer die Werkzeuge zur Bearbeitung vom intellektuellen Werte des Unternehmens sind, dass die Festplatten diese Informationen speichern und dass das Netzwerk den Informationsfluss zwischen den Geschäftsprozessen ermöglicht, dann sind Sie gut auf dem Weg zur kohärenten, durchsetzbaren Sicherheits-Politik.

Die die Hardware- und Software-Komponenten unterstützen die Geschäftsprozesse, und werden durch die Politik geschützt. Daher ist es wichtig, ein komplettes Inventar der Systeme, das auch ein Netzwerk-Diagramm beinhaltet. Es gibt viele Möglichkeiten, um dieses Inventar und ein Netzwerk-Diagramm zu erstellen. Unabhängig davon, welche Methoden verwendet werden, sollten Sie darauf achten, dass alles dokumentiert ist. Ihr Inventar könnte nicht eine komplette Liste für Ihre spezifische Umwelt; Sie sollen sich überlegen, wie man diese Liste nach Maß für Ihr Unternehmen machen kann.

Ein Weg zur Abbildung des Netzwerks ist die Darstellung des Informationsflusses, d.h. die Darstellung wie die Daten durch jedes System fließen. Eine Datenflussabbildung kann darstellen, wie der Datenfluss die Geschäftsprozesse unterstützt, sowie die Bereiche hervorheben, in denen die Sicherheitsaspekte wichtig sind. Im Gegenzug, das Netzwerkdiagramm kann verwendet werden, um es zu inventarisieren, einschließlich der Datenbanken, wo die Daten gespeichert sind, und wie sie durch die Systeme hin und her fließen. Darüber hinaus kann man aus dieser Darstellung die Backup-, Audit-, Admin- und Logginginformationen rauslesen.

Wie die Politik soll sie Inventarisierung, über das Hard- und Software hinausgehen. Es sollte eine Liste der Dokumentation über die Programme, Hardware, Systeme, Lokal-Adminprozesse und eine andere Dokumentation, die jeden Gesichtspunkt des technischen Geschäftsprozesses beschreibt, existieren. Diese Dokumente können Informationen über das Unternehmen – wie das Geschäft funktioniert – enthalten, und dass die sensiblen Bereiche, die ein Bedrohungspotenzial haben, aufzeigen. Erinnern Sie sich, die Geschäftsprozesse können von industrieller Spionage sowie Hackern und verstimmten Angestellten beeinflusst werden.

Die Wichtigsten und Teuersten aller Ressourcen sind die menschlichen Ressourcen, die die inventarisierten Gegenstände betreiben und warten. Inventarisierung der Menschen, die mit dem Betrieb und mit der Nutzung der Systeme bzw. Daten sowie mit Nicht-Computer-Ressourcen involviert sind, bietet einen Einblick darüber, welche Maßnahmen notwendig sind. Erstellen eines Inventars der Menschen kann so einfach sein wie ein typisches Organigramm des Unternehmens. Dies kann umständlich sein, wenn Sie Tausende oder sogar Hunderte Menschen in einem großen Dokument erfassen. Darüber hinaus Organigramme sind allbekannt Rigide und gehen nicht davon aus, dass sie sich ändern oder zuwachsen. Das Inventar könnte dann auch die Art der Aufgabe, die von einer Abteilung gemacht wird, zusammen mit der Mitarbeiterzugangsebene zu den Daten des Unternehmens beinhalten. Zum Beispiel, wenn das Unternehmen über eine große Verkaufsabteilung verfügt, die Erstellung eines Organisationsdiagramms mit allen Namen dient für das Ego der Aufgelisteten, aber die Grafik wird nicht mehr handhabbar. Vielmehr, das Inventar kann die „Verkaufsabteilung" beinhalten mit einer Anmerkung bzw. einer Zahl, die nicht spezifiziert werden kann und die Anzahl der Verkäufer ergibt.

Ein positiver Aspekt dieser Übung ist, dass das Management ein Überblick bekommt, wer für die Organisation und in welchem Bereich arbeitet. Als ein Teil dieses Prozesses, das Management kann die Duplikation in den Prozessen sehen, und die Stärken und die Schwächen identifizieren; zur Folge kann das Management aufzeigen, wo es vielleicht auch organisatorische Probleme gäbe. Diese Art der Analyse ist ähnlich wie Überlebensfähigkeit von Netzwerksystemen, aber auf einen menschlichen Maßstab. Die Manager sollten nicht mehr daran erinnert werden, entsprechend zu handeln, während dieses Prozesses.

Die Bedrohung identifizieren

Die Definition des Zugriffs ist eine Übung für das Verständnis, wie jedes System- und Netzwerkkomponente zugegriffen wird. Ihr Netzwerk könnte ein System zur Unterstützung von netzwerkbasierter Authentifizierung haben, und eine weitere Unterstützung für ein Intranet-Service haben. Die Frage ist, ob alle Systeme wie diese zugänglich sind? Wie werden Daten zwischen den Systemen zugegriffen? Mit dem Verständnis, wie die Informationsressourcen zugegriffen werden, sollten Sie in der Lage sein, um zu ermitteln, auf wem Ihre Politik konzentrieren sollte. In erster Linie liegt der Schwerpunkt darauf, wer die Ressourcen unter welchen Bedingungen zugreifen können.

Zum Beispiel, Personaldaten können durch autorisiertes Personalreferat zugegriffen werden, aber nicht von dem allgemeinen Benutzer. Die Politik kann den direkten Zugriff auf persönliche Daten erlauben, aber zuerst muss definieren, was „direkter Zugang" bedeutet. Natürlich soll die Politik den Zugang auf die Jenigen, die solch einen Zugriff benötigen, beschränken.

Nachdem Sie definiert haben, wer Zugang haben darf, muss eine Prüfung gemacht werden, um es beurteilen zu können, welche Durchsetzungsmaßnahmen notwendig sind. Bei diesem Schritt ist es sehr wichtig, dass Sie auch die Sanktionen auf unbefugtem Zugriff definieren und festhalten. Wird das Unternehmen, im Falle eines Verstoßes gegen Politik, mit Strafverfolgung reagieren? Welche disziplinarischen Konsequenzen werden auf Mitarbeiter zukommen? Rechtlich gesehen, was kann gemacht werden?

Rechtmäßigkeit der Aktionen von Ihrem Unternehmen ist sehr wichtig. In dieser strittigen Gesellschaft ist es wichtig, die Aus-

wirkungen der Verletzung der Politik explizit zu beschreiben. .
In einigen Ländern kann es genug sein, wenn die Politik besagt,
dass der Arbeitnehmer entlassen werden kann und „zivil- und
strafrechtlich" in vollem Umfang verfolgt werden. Allerdings
erfordern möglicherweise die Anderen eine spezifische Spra-
che, die die geltenden Gesetze erklärt. An dieser Stelle ist die
Hilfe eines Rechtsanwalts notwendig.

Datenschutz

Alles, was wir mit Computern und Netzwerke tun, erlaubt die Strömung und die Verwendung der Daten. Jedes Unternehmen und Organisation konzentriert sich auf die Sammlung und Verwendung von Daten, unabhängig von ihrer Funktion. Auch die Hersteller haben kritische Datenverarbeitungsaspekte ihrer Operationen, der Preise, der Werkstattautomatisierung, der Inventarisierung. Die Handhabung der Daten ist so wichtig, dass bei der Festlegung des Politikbedarfs und bei der Inventarisierung, ein Verständnis über die Nutzung und Struktur der Daten (sowie, wo es gespeichert ist) eine Anforderung aller Beteiligten für die Politikerstellung sein sollte.

Wie werden die Daten bearbeitet? Es gibt viele Aspekte des Umgangs mit Daten, die berücksichtigt werden müssen, wenn eine Politik erstellt wird. Die Politik muss es betrachten, wie die Daten behandelt werden und, wie die Integrität und Vertraulichkeit der Daten sichergestellt wird. Neben dem Umgang mit Daten muss es in Erwägung gezogen werden, wie die Handhabung, der Daten geprüft wird. Denken Sie daran, dass Ihre Daten das Herzblut Ihrer Organisation ist; Sie sollten Mechanismen verfügen, um sie durch die Systeme verfolgen zu können.

Was ist mit der Datenverwendung von Drittanbietern, die möglicherweise vertraulich und proprietär sind? Die meisten Datenquellen haben damit verbundenen Nutzungs- und Revisionsvereinbarungen, die mit der Übernahme der Daten gelten. Als Teil des Inventars von Organisationsdaten, die externen Dienstleistungen und die anderen Datenquellen müssen auch hinzugefügt werden.

Die Bestandsaufnahme sollte auch identifizieren, wer mit den Daten arbeitet und unter welchen Bedingungen diese Daten gesammelt und möglicherweise verbreitet werden.

Ebenso wie andere Organisationen, Informationen mit Ihnen aufteilen, Sie würden vielleicht auch Informationen mit Dritten aufteilen.

Sei es, weil der eine Partnerschaft o.a. Vereinbarung, geschäftliche Beziehungen, Mechanismen müssen zum Schutz der verbreiteten Daten oder Technologie-Transfers, wie ein geistiges Eigentum, implementier sein.

Es ist schwierig zu vorwegzunehmen, wie die Geschäftsverhältnisse es definieren, was und wie verraten werden kann; aber die Politik soll eine Überprüfung dieser Prozesse beinhalten. Ein Weg deren Auswirkungen auf die Politik zu verstehen ist es zu verstehen, wie die derzeitigen Vereinbarungen von Hand geführt werden. Als Teil des Inventarisierungsprozesses können alle im Ausschuss beteiligten Anwälte diese Vereinbarungen und Hinweise für aktuelle Diskussionen sammeln. Mit diesen Informationen kann die Politik als Richtlinien zum Schutz des Unternehmens im Informations- und Technologietransfer erstellt werden. Eine gemeinsame Unterlassung dieser Politik ist die Voraussetzung für die Klassifizierung von Informationen. Eine gängige Methode ist die Verwendung von Sicherheits-Etiketten. Obwohl die Verwendung von Sicherheitsetiketten in allen Betriebssystemen, Datenbanken und Software-Programme nicht konsequent sind, sollen die Schriftsteller der Politik überlegen, wie sie die Daten nach ihrer Sensibilität markieren können. Es gibt viele Situationen, in denen dies notwendig ist. Insbesondere, die Informationen bezogen auf Personal- oder Gesundheitseinrichtungen sind erstklassige Kandidaten für die Sicherheits- bzw. Klassifizierungs-beschriftung.

Im Laufe des Geschäfts, eine Organisation kann persönliche Informationen in vielerlei Hinsicht sammeln. Die Akteure im E-Commerce haben die Möglichkeit, die Informationen aus den Zugriffen auf ihre Webseite sammeln. Die Unternehmen, die Produkte und Dienstleistungen verkaufen können Kun-dendaten über Bestellung, Kundenservice oder Anrufe sam-meln. Auch Anrufe oder potenziellen Kundenanfragen können zu persönlichen Informationen über eine Person oder ein Un-ternehmen ertragen. Unabhängig davon, wie diese Daten er-fasst sind, eine für jedermann verständliche Politik-Aussage, wie diese Daten verwendet werden dürfen, soll gemacht wer-den.

Bei der Betrachtung der Datenschutzrichtlinien, die Berück-sichtigung der Privatsphäre muss definiert werden, sodass die Organisation nicht nur das Recht auf Privatsphäre der Arbeit-nehmer oder der Kunden berücksichtigt, sondern auch, die Mitarbeiter das Recht auf Privatsphäre der Organisation be-rücksichtigen. Richtlinien können geschrieben werden, dass private, proprietäre und andere ähnliche Informationen ohne vorherige Zustimmung nicht offengelegt werden dürfen.

Die Datenschutz-Politik ist nicht einfach zu definieren. Da die Politiken keine Prozesse beschreiben, sondern die Rahmen-bedingungen als Leitlinien vorgeben, bevorzugen einige Organisationen genauere Definition der Schutzmechanismen und des Verfahrens.

Eine der besten Möglichkeiten, um deren Aufteilung festzu-stellen, ist die Suche danach, was in Datenschutzrichtlinien sein sollte und eine kurze Reihe von allgemeinen Aussagen. Diese

Aussagen werden die Politik. Wie die Daten bearbeitet werden, wird dann eine Frage des Verfahrens.

Die Durchsetzung der Softwareindustrie in Bezug auf Lizenzen nimmt durch die Business Software Alliance (BSA) Industriekonsortium zu. Erfahrungsgemäß, die BSA-Audit-Berichte über Lizenzierung wurden in der Regel von verärgerten Mitarbeitern an dem Besitzer der Software geliefert. Nach einer Untersuchung, die Businesssoftware-Allianz unterstützt das Unternehmen bei Einreichung Vertragsverletzung gegen die gescheiterten Unternehmen.

Datensicherung, Archivspeicher und Entsorgung von Daten

Grundsätze über den Umgang mit den gesicherten Daten (sowohl extern als auch off-line Medien) sind ebenso wichtig wie online erreichbare Informationen. Die Sicherungsdaten können finanzielle Informationen, eine Historie der Kundentransaktionen und sogar Kopien der aktuellen Geschäfte enthalten. Wenn die Daten nicht aufzubewahren sind, was würde geschehen, wenn die Konkurrenten in der Lage wären, diese Informationen zu erhalten und zu analysieren? Was ist, wenn sie Daten finden, die verworfen werden müssten? Back-up-Strategien, daher müssen die Prozesse selbst reflektieren, und die Archivierungsaspekte leuchten, und müssen definieren, was zu tun ist, wenn die Daten zu verwerfen sind.

- Warum hat Ihr Unternehmen eine Sicherungskopie der Information von ihren Computern?

- Ist es, um nach einem Systemabsturz es wiederherstellen zu können?

- Heben Sie kritische Daten auf?

- Will Ihr Unternehmen eine Momentaufnahme der System-Software behalten?

- Wie oft sind diese Back-ups gemacht?

- Sind sie täglich, wöchentlich oder monatlich?

- Und wie machen sie es?

- Wie oft ist dieser Prozess überprüft und verifiziert?

Alle Fragen sind gut, aber wie können die Antworten auf diese Fragen es ermöglichen, dass nach einem Systemfehler die gesicherten Daten die Wiederherstellung der kritischen Geschäftsprozesse unterstützen?

Eine Bestandsaufnahme der Geschäftsprozesse sollte auch die Wiederherstellungsprozesse beinhalten. Dieses Wissen wird helfen, um festzustellen, wie diese Fragen zu beantworten sind und wie die Politik einzurichten ist. Ein häufiger Fehler in der Einstellung der Back-up-Politik ist die Anordnung der verfügbaren Optionen des Software-Pakets, das das Unternehmen im Einsatz hat. Bei der Festlegung, wie die Back-ups der Geschäftsprozesse unterstützen, die Autoren der Politik sollten versuchen das Dokument darauf beschränken, was getan werden soll und vermeiden die Anordnung der speziellen Optionen von der eingesetzten Software.

Für einige ist die letzte Betrachtung der Behandlung von Sicherungen, wie man die Medien aufbewahren oder die Daten schützt.

Als Teil der Prüfung und der Inventarisierung von Operationen sollte spezielle Anmerkung von der gegenwärtigen Praxis gebildet werden. Wenn die gegenwärtige Praxis die Daten nicht schützt, dann ist hier Ihre Chance eine Schutzpolitik zu definieren. Wenn wir die Archivierung der Back-up-Medien betrachten, kann eins der ersten Interessen sein, ob wir die Speichermedien Vorort oder außerhalb des Standorts aufbewahren müssen. Einige Organisationen haben Speichertresor für die Aufbewahrung der Bänder und der Platten. Für sie sollte eine Politik für einen Vorort-Speicher hinreichend sein. Andernfalls kann das Verstehen der gegenwärtigen und besten Praxis helfen, um eine angemessene und funktionierende Politik zu erarbeiten.

Vor einigen Jahren holte ich ein Band von dem Tresor zurück, in der meine Firma die Back-up-Bänder speicherte. Der Tresor war klimatisiert, und wurde besonders entworfen, um bis 6 Jahre die Bänder aufzubewahren. Das Band, das ich wählte, wurde nur 18 Monate früher hergestellt. Ich brachte das Band am lokalen Leser an und versuchte, seinen Inhalt zu lesen. Nachdem er für nur einige Hundert Metern gesponnen hatte, druckte der Treiber eine Fehlermeldung und das System lehnte ab, das Band zu lesen. Nachdem ich einige Bänder versucht hatte, habe ich das Service-Log angeschaut und fand, dass der Kundendiensttechniker die Köpfe vom Bandleser justierte, nachdem jemand sich beschwerte, dass er nicht in der Lage war, ein von einem Klienten gesendetes Band zu lesen.

Trotz die Justierung notwendig war, waren die Bänder, die drei Monate vor dem Reparaturdatum erstellt sind, nicht mehr lesbar. Hätten wir gewusst, dass es ein Problem verursacht, hätten wir die Chance um die Bänder zu lesen. Leider gab es keine Politik auf der Behandlung der Daten oder der Überprüfung der Sicherung. Seitdem habe ich auf einer Klausel bestanden, um die Prüfung des Archivs einzuschließen.

Das macht mich auf einen anderen Punkt aufmerksam: Warum wurde der Tresor fast mit sechsjährigen Archiven gefüllt? Benötigten wir sechs Jahre alte Daten? Ja, aber erfordern die Daten, die Ihre Organisation speichert, dass sie so lange aufbewahrt werden müssen? Wenn nicht, dann wie lange? In den Fällen, wo die Zurückhaltezeit länger als die Lebensdauer des Mediums (das typische Leben eines Magnetbandes kann im Durchschnitt ca. von zwei Jahren dauern) ist, sollten Sie möglicherweise an eine Politik denken, die write-once Medium spezifiziert. Beachten Sie, dass ich sagte „write-once Medium". Indem Sie eine Politik mit allgemeiner Formulierung bedenken, erlauben Sie die Leute, die die Archive herstellen, die beste

Technologie festzustellen, und zu verwenden. Dieses lässt den Gebrauch von neuen Technologien zu, die den archivierten Daten länger als gegenwärtige Optionen aufheben lassen können.

Vernichtung der Daten

„Müllcontainertauchen" ist im Allgemeinen üblich, wenn die Industriespionageübende Informationen über ihr Ziel suchen. Ein Kollege, der in diesem Bereich arbeitet, hat mich mit Geschichten über, was einige Firmen herauswerfen, überrascht. An einem Tag hat er den Jackpot geknackt. Er sammelte mehr als zwei Dutzend Back-up-Bänder vom Müllcontainer eines Konkurrenten. Die enthaltenen Informationen waren vertrauliche Daten, die die Firma sichergestellt haben sollte.

Wie entsorgt Ihre Organisation die Daten? Wenn Sie Bänder oder Speichermedien wegwerfen, ohne sie zu löschen, dann finden die Müllcontainertaucher sicher Geheimnisse Ihrer Firma. Zu definieren, wie die Daten entsorgt werden dürfen sind, genau so wichtig wie die Feststellung der Daten, die zu entsorgen sind. Überprüfen Sie, ob diese Politik detailliert, wie man die Daten löscht oder wegwirft und eine Anforderung für das Überprüfen definiert, damit die Daten nicht mehr gelesen werden können. Der einzige Weg, um es sicherzustellen, dass diese Politik verfolgt wird, ist die Zuweisung der angemessenen Verantwortlichkeiten. Eine Person soll die Daten löschen (schreddern) und die Andere soll die Lesbarkeit überprüfen. Die Politik sollte unterstellen, dass ein steifes Verfahren gefolgt wird, damit beide verantwortlichen Parteien überprüfen können, dass die Jenigen, die es nicht sehen dürften, die Daten nicht zugänglich machen können.

Urheberrecht und die Politik

Jede Organisation, unabhängig von ihrer Funktion, hat Urheberrecht, das sie vor Freigabe schützt. Selbst wenn die Organisation nicht Informationssicherheitspolitik hat, hat sie vermutlich Richtlinien und Verfahren für das Schützen seines geistigen Eigentums. Jedoch jede Organisation setzt nicht das gleiche Gewicht auf dieser Eigenschaft. z. B. schützt eine Firma, die immer mit den niedrigsten Preisen auf dem Markt ist, wird ihr Herstellungsverfahren schützen, um es zu hindern, dass seine Konkurrenten es entdecken, wie sie ihre Preise niedrig halten können.

Die Erstellung einer Politik, um das geistige Eigentum zu schützen, ist für die meisten Informationssicherheitsfachleute vermutlich die schwierigste Aufgabe. Nicht nur weil die Maßnahmen eng mit den Geschäftsprozessen gebunden sind, sondern auch die Gesetze über geistiges Eigentum behandelt Volumen und kann unterscheiden zwischen den Staaten und Ländern.

Bei der Planung und Erstellung dieser Politik ist es sehr ratsam, einen Anwalt zu konsultieren, deren Spezialität in diesem Bereich ist. In den ersten Phasen der Planung, die Folgenden sind einige Aspekte für die Politik des geistigen Eigentums:

Wer besitzt das Urheberrecht?

Die Anweisung des Patents, des Copyrights und anderer Rechte des Urheberrechtes sollte in einer Politik angegeben werden, ob sie zu den Informationssicherheit- oder Mitarbeiteranweisungen gehört oder nicht. Eine klare Aussage in einer zusammenhängenden Politik kann eine feste Grundlage zur Verfügung stellen, um das Eigentum der Firma bei Gericht zu schützen, wenn das notwendig wird.

Urheberrechte bzgl. Programmen und Unterlagen

Nachdem das Urheberrecht gesichert ist, welche Rechte haben die Angestellten mit den Programmen, mit den Prozessen und mit den Dokumenten? Während ein Angestellter den Zugang zu einem Handbuch, das den neuesten Geschäftsprozess oder die neuen Re-Engineeringpläne beschreibt, haben konnte, kann die Politik das Mitnehmen dieses Handbuches aus dem Firmengelände heraus oder das Sprechen über diese Informationen mit Anderen, verhindern. Und die Politik definiert, wer diese „Anderen" sind. Tatsächlich erfordert manche Politik, dass Prozeduren die Zugriffsrechte zu einem Dokument und zu den Prozessen definieren.

Alle Quellen der Informationen sollten eine Zuerkennung haben. Grafische Benutzeroberflächen (GUIs) und das World Wide Web machen durch das Kopieren vom Browserfenster auf das Fenster, das den Editor oder Textverarbeitungsprogramm startet, leichter, die Informationen zu versammeln. Manchmal ist es zu einfach. Sie können kleine Abschnitte unter den Gesetzen „des angemessenen Gebrauches" benutzen, aber diese Abschnitte müssen dem ursprünglichen Autor zugeschrieben werden. Die Politikaussage kann sagen, dass die Firma kein Plagiat tolerieren wird.

Wenn die Arbeit unter Patenten, Copyrights oder Geheimhaltung gedeckt wird, muss es mit den geeigneten Informationen etikettiert werden. Ohne die Fälle zu zitieren, sind mehrere gegen den Besitzer des geistigen Eigentums verhalten, weil sie weder ihre Rechte bekannt gemacht haben, noch Maßnahmen ergriffen haben, jene Rechte zu schützen. Einige Firmen vergeben als Mandat, dass alle Druckmaterialien das Wort "Vertraulich" auf allen Seiten enthält.

Aufkleber müssen auffallend sein und offenbar den Besitz aus-
drücken. Ihr Rechtsanwalt, der auf Gesetz des geistigen Eigentums spezialisiert ist, kann in diesem Bereich helfen.

Beim Arbeiten mit Urheberrecht, ob es Ihrer Organisation gehört, oder Sie ihn von jemand anderes erwarben, stellen Sie es
sicher, dass Sie Ihre Rechte unter der Vereinbarung kennen.
Zum Beispiel erlauben viele Software-Programme dem Benutzer, eine Kopie zu den Sicherungszwecken zu erstellen, aber
laufen lassen mehr als eine Kopie an jeder möglicher ge-
gebenen Zeit ist nicht zulässig. Was schriftliche Arbeiten anbelangt, gibt es noch Gesetze „des angemessenen Gebrauches", die eine begrenzte Anzahl von Kopien für persönlichen Gebrauch erlauben. Sobald der Verbrauch zu den ge-
schäftlichen Zwecken zugeteilt wird, sollten Sie mit Ihrem
Rechtsanwalt darüber sprechen, was zulässig und was nicht zulässig ist.

Vorfallbehandlung und Forensik

Mit der schwungvollen technischen Entwicklung und zunehmenden globalen Verbreitung des Internets haben sich auch neue Formen der Kriminalität herausgebildet.

Ich glaube, dass ich zu jedem Emailverteiler, der mit Informationssicherheit zu tun hat, abonniert bin. Diese Listen geben mir unterschiedliche Niveaus der Details über die Fehler und andere Verwundbarkeit, die einige Sicherheitsprobleme innerhalb der Systeme oder der Netze verursachen können. Einige sind allgemein, während anderen über Hersteller laufen. Die meisten enthalten die Informationen, die von den Benutzern eingereicht worden sind, während der Rest direkt vom Hersteller kommt. Ich weiß, dass die Anzahl der Verteilerlisten, die ich eingeschaltet habe, Übermaß zu den meisten Administratoren ist, aber der Punkt ist. Da ich mit meinen Klienten arbeite, muss ich mich aktuell auf den neuesten Informationen halten. Dennoch an einem Tag sitzen Sie in Ihrem Büro und Sie entdecken eine Sicherheitslücke, die bereits publiziert ist und wenn sie durch einen Hacker oder ausgenutzt wäre, könnte das Netzwerk der gesamten Organisation abstürzen. Statt die Informationen zu begraben, werden Sie versuchen die Information schnellstmöglich zu publizieren. Einige Leute glauben, dass der Ereignisbericht ein wichtiger Service für die Internet-Gemeinschaft sei. So gehen sie aus dem Weg um Probleme zu berichten, die sie gefunden. Viele der Organisationen haben eine Politik für den Ereignisbericht.

Sie können die Informationen zu über 20 unterschiedlichen Vorfallbehandlungsorganisationen schicken. Um diesen Dienstleistern zu helfen, könnte Ihre Organisation eine Politik zum mit einem „Incident Response Team" durch eine Schnittstelle zu arbeiten. Durch das Begrenzen der Verantwortlichkeit zu einer Person oder eine Vertretung können Informationen von einer maßgebenden einzelnen Quelle effizient übertragen werden. Auf diesem Wege kann die Information nicht verloren gehen, was eigentlich ein Widerspruch wäre.

Am anderen Ende der Vorfallbehandlung ist Incident Response. Warum der Incident-Response notwendig ist, können wir in den folgenden Szenarien besser verstehen:

- Was würden Sie tun,

    ◆ Wenn ein nicht autorisierter Zugang Ihres Netzes ermittelt wird;

    ◆ Wenn ein Response-Team Ihrer Organisation mitteilt, dass sie Probleme haben, die scheinbar durch die Systeme Ihrer Organisation verursacht sind;

    ◆ Wenn jemand einem öffentlichen Dienstleister berichtet, dass ein Problem in den Betriebssystemen oder in der Unterstützungs-Software gefunden wurde, die Sie in Ihrer Organisation im Einsatz haben.

Ähnlich wie Vorfallmeldungen, sollte die Incident Response Politik einen „Single Point of Contact" haben. Diese Person ist verantwortlich für die Erfassung dieser Meldungen und für das Vorbereiten einer Antwort zu ihnen, egal, von wem die Meldung kam. In der Tat soll diese Kontaktperson feststellen können, ob die Vorfall- bzw. Schwachstellenmeldung eigene Organisation betrifft oder nicht. Die Politik kann dieser Person die Befugnis geben, dass er alles tun darf, was er auch immer für notwendig hält, damit er alle möglichen Probleme lösen kann, die aus diesen Meldungen herauslesbar sind. Oder als alternativ kann die Politik ihm die Möglichkeit zur Verfügung stellen, die anderen Personen, die für die Problemlösung die entsprechenden Kenntnisse haben, zu beauftragen.

Das Arbeiten mit Hersteller-gestützten Response Teams ist ähnlich, wie das Arbeiten mit unabhängigen Dienstleistungen, ausgenommen der Hersteller Ihre Organisation vertraglich benötigen kann, einen bestimmten Ansprechpartner zu benennen. z. B. konnte Ihre Organisation dem IT-Sicherheitsbeauftragten diese Rolle zuordnen wollen. Der Hersteller konnte diese Person überbrücken wünschen, um direkt mit Systemadministratoren arbeiten zu können. Dieser Aspekt eine kleine Anpassung in der Politik und kann in einer Art und Weise beschrieben werden, um die Zusammenarbeit mit Hersteller-Teams zu ermöglichen.

Das Verstehen unter dem Begriff Computerkriminalität unterscheidet sich zwischen Rechtsprechungen. Sogar in den Vereinigten Staaten kann jeder der Bundesgerichtshofskreise unterschiedliche Deutungen des gleichen Gesetzes haben. Wenn Sie eine Firma in New York sind, können möglicherweise nicht dieselben Richtlinien an Ihrem Büro im Silicon Valley angewendet werden. Zum Verstehen, was in Ihrem Gebiet erlaubt wird, kann Ihnen ein Termin mit dem Bezirksstaatsanwalt oder mit einem Anwalt weiter helfen. Sie kennen die Richter, die Gesetze und die Standards, die für eine Beweissicherung einzuhalten sind.

Die Bestimmung was unter welchen Bedingungen zu berichten ist nicht einfach. Die Politik und die Richtlinien in diesem Bereich müssen unter Exekutivmanagement besprochen werden. Im Endeffekt ist das Exekutivmanagement der Instanz, der die Entscheidung tragen muss, wenn etwas geschieht. Darüber hinaus zwingt das Bitten um die Entscheidung über die passende Politik das Management dazu, dass sie die Politik und

Richtlinien in Betracht ziehen müssen. Wie sie antworten, erklärt Ihnen, wie ernst sie diese Bemühungen wahrnehmen. In diesem Stadium des Politikschreibens ist es gut zu wissen, wie viel Unterstützung wirklich besteht.

ANHANG

Highlights

Informationssicherheit

- Die Systeme haben die Integrität, die Vertraulichkeit und die Verfügbarkeit der Daten sicher zu stellen.
- In der Industrie sind Verfügbarkeit der produktiven Systeme und Vertraulichkeit in der Forschung und Entwicklung unerlässlich.
- Ausfälle von Maschinen haben enorme wirtschaftliche Folgen.
- Werkspionage und der Schutz vor Diebstahl muss unterbunden werden.

- Sicherheit kann nicht alleine durch Produkte (Firewall, Virenschutz, Benutzerberechtigungskonzept, etc.) erreicht werden, sondern muss integral betrachtet werden.
- Sicherheit ist eine Mischung von Produkten, Personen und Prozessen (PPP)

Informations-Sicherheits-Management-Prozess

Das Modell

- IT- Sicherheit zeigt sowohl strategische, taktische wie auch operationelle Charakterzüge.
- Da IT-Sicherheits-Management-System zum Teil ähnliche bzw. gleiche Elemente aufweist, wie bei anderen Managementsysteme (z.B. Qualitätsmanagement, Risikomanagement), ist kein „Neubau" erforderlich.

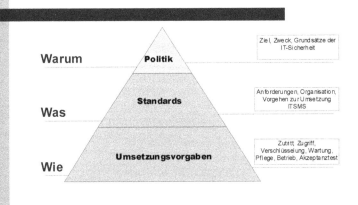

Risk assessment

- **Übergreifende Identifizierung der Risiken und deren Schadenspotential**
  - Identifizierung der „Mission-Critical" Systeme, Applikationen
  - Auswertung der identifizierten Risiken (Qualitativ & Quantitativ)
  - Ableitung der Maßnahmen zur Risikoreduzierung auf eine vom Management akzeptierte Restrisiko

- **Ergebnisse**
  - Dokumentation der Sicherheitsanforderungen
  - Sicherheitssteuerungsbericht
  - Überarbeitete / Verbesserte Richtlinien und Maßnahmen

Referenzen

(1) CERT coordination center, at http://www.cert.org/

(2) Gartner Research - The Price of Information Security (2001)

(3) International Organization for Standardization – ISO/IEC 27001

(4) International Organization for Standardization – ISO/IEC 13335-2

(5) Internet Security System (ISS). Creating, Implementing and Managing the Information Security Lifecycle – Security Policy, E-Business and You.

(6) Danchev, Dancho. "Building and Implementing a Successful information Security Policy." 2003.

(7) Sun. "How to Develop a Network Security Policy". (29 Sept. 2001).

(8) Desilets, Gary. "Shelfware: How to Avoid Writing Security Policy and Documentation That Doesn't Work." 20 April 2001.

(9) Sorcha Diver - Sans Institute – Reading Room - A Development Guide for Large and Small Companies (12 July 2006)

(10) Long, Gerald P. "Security Policies in a Global Organization." 25 Feb. 2002.

(11) Chaiw Kok Kee - Sans Institute – Reading Room - Security Policy Roadmap – Process for Creating Security Policies (2001)

(12) Michele D. Guel - Sans Institute – A Short Primer for Developing Security Policies - 2007

(13) Peltier, Thomas, R. "Information Security Fundamentals." 2002.

(14) J. Patrick Lindley - Sans Institute – Reading Room - Technical Writing for IT Security Policies in Five Easy Steps (20 Sep 2001)

Index

www.ingramcontent.com/pod-product-compliance
Lightning Source LLC
Chambersburg PA
CBHW051210050326

40689CB00008B/1257